BEI GRIN MACHT SICH IHR WISSEN BEZAHLT

- Wir veröffentlichen Ihre Hausarbeit, Bachelor- und Masterarbeit

- Ihr eigenes eBook und Buch - weltweit in allen wichtigen Shops

- Verdienen Sie an jedem Verkauf

Jetzt bei www.GRIN.com hochladen und kostenlos publizieren

Bibliografische Information der Deutschen Nationalbibliothek:

Die Deutsche Bibliothek verzeichnet diese Publikation in der Deutschen National-
bibliografie; detaillierte bibliografische Daten sind im Internet über http://dnb.d-
nb.de/ abrufbar.

Impressum:

Copyright © 2009 GRIN Verlag, Open Publishing GmbH
Druck und Bindung: Books on Demand GmbH, Norderstedt Germany
ISBN: 9783640578221

Dieses Buch bei GRIN:

http://www.grin.com/de/e-book/147844/die-stakeholderanalyse-im-rahmen-des-
projektmanagements

Christian Lang

Die Stakeholderanalyse im Rahmen des Projektmanagements

GRIN Verlag

GRIN - Your knowledge has value

Der GRIN Verlag publiziert seit 1998 wissenschaftliche Arbeiten von Studenten, Hochschullehrern und anderen Akademikern als eBook und gedrucktes Buch. Die Verlagswebsite www.grin.com ist die ideale Plattform zur Veröffentlichung von Hausarbeiten, Abschlussarbeiten, wissenschaftlichen Aufsätzen, Dissertationen und Fachbüchern.

Besuchen Sie uns im Internet:

http://www.grin.com/

http://www.facebook.com/grincom

http://www.twitter.com/grin_com

HOCHSCHULE HEILBRONN

Hochschule für Technik, Wirtschaft und Informatik

Studiengang Electronic Business(EB)

Proseminararbeit

Stakeholderanalyse im Rahmen des Projektmanagements

von

Christian Lang

im

SOMMESSEMESTER 2009

Inhaltsverzeichnis

Abbildungsverzeichnis

Management Summary

Bedingt durch den Wandel unserer Gesellschaft von einer Industriegesellschaft hin zu einer Informationsgesellschaft steigt die Anzahl von Projekten in Unternehmen und zeitgleich deren Komplexitätsgrad. Diese Komplexität von Projekten bringt einige Probleme mit sich. Eines davon ist die Anzahl der Stakeholder, die bei steigender Projektgröße ebenfalls zunimmt. Ein Stakeholder ist eine Person oder eine Personengruppe, die von dem Projekt oder dessen Produkt positiv oder negativ betroffen ist. Kurz gesagt: Eine Person die ein Interesse an dem Projekt besitzt. Mit der Anzahl der Stakeholder steigt also ebenfalls die Vielfalt an Interessen. Wenn es eine Vielfalt von Interessen gibt kommt es früher oder später natürlich zu Konflikten. Diese Konflikte können den Projekterfolg erheblich gefährden.

Um diesem Problem zu begegnen gibt es die Stakeholderanalyse. Sie gliedert sich typischer Weise in die Schritte Identifizierung, Einordnung und Beurteilung und wird entweder im Rahmen einer Projektumfeldanalyse oder als Teil eines Stakeholdermanagements betrieben.

Aufgrund der bereits oben dargestellten Bedeutung der Stakeholder bzw. deren inkongruenten Interessen bzgl. des Projekts drängt sich sie These auf, dass eine Stakeholderanalyse ein kritischer Erfolgsfaktor für Projekte darstellt. Anhand der Ergebnisse von drei Studien aus den Jahren 2006-2008 von der Deutschen Gesellschaft für Projektmanagement e.V. (GPM) wurde diese auf ihren Wahrheitsgehalt hin untersucht.

Die These konnte nicht ohne Weiteres belegt werden. Die Ergebnisse der Studien lassen zwar auf eine hohe Bedeutung der Kommunikation im Projekt und des Stakeholdermanagements schließen, jedoch kann nicht zweifelsfrei daraus geschlossen werden, dass die Stakeholderanalyse ein kritischer Erfolgsfaktor für Projekte ist. Dennoch kann zumindest erkannt werden, dass die Stakeholderanalyse eine gewichtige Rolle für anerkannte kritische Erfolgsfaktoren wie z.B. die Projektkommunikation oder das Stakeholdermanagement spielt. Die Stakeholderanalyse legt hier den Grundstein.

1 Einleitung

Wir befinden uns mitten in einem wirtschaftlichen Wandel. Unsere Gesellschaft verändert sich von einer Industriegesellschaft hin zu einer Informationsgesellschaft. Doch dieser Wandel ist nicht nur gesellschaftlicher und kultureller Art. Er ist vor allem auch ein wirtschaftlicher. Dieser wirtschaftliche Wandel hat zur Folge, dass sich Unternehmen ebenfalls wandeln bzw. sich zwangsläufig verändern müssen um mit dieser Entwicklung schritthalten zu können. Diese umwälzenden Veränderung innerhalb der Unternehmen erfordern wiederum teils sehr komplexe Projekte. Eine erfolgreiche Durchführung solcher Projekte kann also als Erfolgsfaktor gesehen werden.[1]

Mit steigendem Komplexitätsgrad eines Projektes steigt auch der Einfluss des menschlichen Faktors auf den Erfolg dieses Projekt.[2] Einen wichtigen Teil dieses menschlichen Faktors machen die Stakeholder des Projektes aus. Der Begriff des Stakeholders wird in Kapitel 2 näher betrachtet und definiert. Auf Grund der der Bedeutung des menschlichen Faktors, also vor allem der Stakeholder in Projekten, könnte man vermuten, dass die Erfassung und Beurteilung dieser Stakeholder, also die Stakeholderanalyse ein kritischer Erfolgsfaktor für das Projektmanagement in der heutigen Zeit darstellen könnte. Genau diese These soll in dieser Arbeit überprüft werden.

Davor setzt sich diese allerdings etwas genauer mit der Stakeholderanalyse auseinander. In Kapitel 3 wird die Stakeholderanalyse in das Projektmanagement eingeordnet. Kapitel 4 beschäftigt sich mit dem typischen Ablauf einer Stakeholderanalyse. Hier wird aufgezeigt welche Schritte in einer Stakeholderanalyse durchgeführt werden. Daraufhin folgt in Kapitel 5 eine kritische Betrachtung einer Stakeholderanalyse. Hier werden mögliche Probleme bei der Durchführung aufgezeigt. Die eigentliche These dieser Arbeit wird in Kapitel 6 anhand von drei aktuellen Studien von der Deutschen Gesellschaft für Projektmanagement e.V. (GPM) in Zusammenarbeit mit der PA Consulting Group aus den Jahren 2006, 2007 und 2008. Anhand der Ergebnisse dieser Studien wird versucht zu überprüfen, ob die Stakeholderanalyse ein kritischer Erfolgsfaktor für Projekte darstellt.

---

1 Vgl. Gomez, P., Komplexe, 2002, S.31f.
2 Vgl. ebenda, S.76.

2   Was ist ein Stakeholder?

Um zu verstehen wie eine Stakeholderanalyse funktioniert und welchen Nutzen sie für ein Projekt haben kann, muss man sich zuerst darüber im Klaren sein was ein Stakeholder überhaupt ist. Der Begriff des Stakeholders stammt ursprünglich aus der Betriebswirtschaftslehre. Im Deutschen wird er meistens mit Anspruchs- oder Interessengruppen gleichgesetzt. Im Gabler Wirtschaftslexikon findet sich folgende Definition für Anspruchsgruppen:

„Anspruchsgruppen sind alle internen und externen Personengruppen, die von den unternehmerischen Tätigkeiten gegenwärtig oder in Zukunft direkt oder indirekt betroffen sind."[3]

Für den Begriff des Stakeholders im Kontext Projektmanagement gestaltet sich die Definition ähnlich:

„Person oder Personengruppe, die am Projekt beteiligt, am Projektverlauf interessiert oder von den Auswirkungen des Projekts betroffen ist."[4]

Wie oben stehende Definitionen zeigen können sowohl im betriebswirtschaftlichen, als auch im Projektmanagement Kontext ganze Personengruppen Stakeholder sein.

3   Einordnung in das Projektmanagement

Im vorherigen Abschnitt wurde der Begriff des Stakeholders insbesondere im Zusammenhang mit Projektmanagement definiert. Die dortige Definition zeigt, das nicht allgemein definiert werden kann, welche Personen als Stakeholder für Projekte in Frage kommen. Es muss für jedes Projekt individuell geprüft werden, welche Personen eine Interesse am Projekt haben oder von diesem in irgendeiner Art und Weise beeinflusst werden. Hier kommt die Stakeholderanalyse als Werkzeug ins Spiel. Im Folgenden soll aufgezeigt werden wann und in welchem Kontext die Stakeholderanalyse im Projekt durchgeführt wird.

---

3 Gabler Verlag (Hrsg.), Wirtschaftslexikon, 2000, S.140.
4 Motzel, E., Projekt-Management Lexikon, 2006, S. 202.

3.1 Die Stakeholderanalyse als Teil einer Projektumfeldanalyse

Die Projektumfeldanalyse dient dem Projektleiter als Frühwarnsystem, um so früh wie möglich negative Einflussfaktoren aus dem Projektumfeld zu erkennen und Maßnahmen zu finden, um die Wirkung dieser Einflüsse zu verringern bzw. zu eliminieren.[5] Um dieses Hauptziel zu erreichen müssen mehrere Unterziele verfolgt werden.

Es müssen alle Randbedingungen des Projekts erkannt und erfasst werden, bspw. Normen, Gesetze, Vorschriften, die zu beachten sind. Alle Interessengruppen des Projektes, also die Stakeholder, sowie die Art ihrer Interessen müssen erkannt werden. Desweiteren müssen die Chancen, Potentiale und Risiken des Projektes so früh wie möglich aufgezeigt werden. Darüber hinaus gehend müssen Handlungsmöglichkeiten aufgezeigt werden, wie das Projektumfeld zu Gunsten des Projektes beeinflusst werden kann. Ein weiteres Ziel der Projektumfeldanalyse stellt die Dokumentation der gewonnenen Ergebnisse dar.[6]

Diese Ziele spiegeln die Wichtigkeit der frühen Erkenntnis um die Situation im Projektumfeld wider. Daher liegt es nahe das die Projektumfeldanalyse meistens noch vor der eigentlichen Projektplanung[7] oder aber zu deren Beginn durchgeführt wird[8]. Danach sollte sie iterierend bzw. zu bestimmten Punkten im Projekt, z.B. Meilensteine, durchgeführt werden, um zu prüfen, ob sich neue Einflussfaktoren im Projektumfeld hinzugekommen sind bzw. ob etwaige Maßnahmen zur Beeinflussung des Projektumfeldes Wirkung gezeigt haben.[9]

3.2 Die Stakeholderanalyse als Teil des Stakeholdermanagements

Das Stakeholdermanagement richtet sein Hauptaugenmerk auf die Interessengruppen des Projekts und das Zusammenspiel ihrer verschiedenartigen Interessen am Projekt.

5 Vgl. Hillebrand, N., Projektumfeldanalyse, 2000, S.26f.
6 Vgl. Angermeier, G., Projektumfeldanalyse, 2009.
7 Vgl. Hillebrand, N., Projektumfeldanalyse, 2000, S.27.
8 Vgl. Kuster, J., Handbuch, 2008, S.176.
9 Vgl. Hillebrand, N., Projektumfeldanalyse, 2000, S.27 und Angermeier, G., Projektumfeldanalyse, 2009.

4

Somit richtet das Stakeholdermanagement den Fokus auf die kommunikative und soziale Komponente eines Projektes.

Das Hauptziel des Stakeholdermanagements ist es die verschiedenen Stakeholder zu identifizieren und ihre Interessen und Bedürfnisse zu erfassen, damit diese dann in die Projektplanung und -ausführung mit einfließen können. Somit soll erreicht werden, dass die Projektziele und Stakeholderziele möglichst kongruent sind.[10] Zu Beginn eines Projektes können die Projektziele und die Ziele von einigen Stakeholdern indifferent sein. Im Laufe des Stakeholdermanagements wird nach Maßnahmen gesucht wie man die Ziele der Stakeholder mit denen des Projektes vereinbaren kann. Dadurch wird ein möglichst hohe Zielkongruenz angestrebt. Um den Widerstand der Stakeholder gegen das Projekt so gering wie möglich zu halten.

Anhand der obigen Ausführungen lässt sich erkennen, dass die Stakeholderanalyse im Stakeholdermanagement eine essentielle Rolle spielt.

4 Ablauf einer Stakeholderanalyse

Nachdem im letzten Abschnitt die Stakeholderanalyse in den Ablauf eines Projektes eingeordnet wurde, gilt es nun klären wie eine Stakeholderanalyse in einem Projekt abläuft. Die Stakeholderanalyse gliedert sich meistens in drei Schritte auf: Identifizieren der Stakeholder, Einordnung der Stakeholder und Beurteilung der Stakeholder[11]

Diese drei Schritte sollen im Folgenden näher erläutert werden.

4.1 Identifizieren der Stakeholder

Der erste Schritt der Stakeholderanalyse ist offensichtlich. Um Stakeholder analysieren zu können, müssen diese zuvor identifiziert werden. In Abschnitt 2 wurde definiert was einen Stakeholder, speziell im Kontext Projekt, ausmacht. Folglich müssen das Projekt selbst, sowie das Umfeld des Projektes nach Personen und Personengruppen abge-

10 Vgl. Weilacher, S., Stakeholdermanagement, 2005, S. 1.
11 Vgl. Gomez, P., Komplexe, 2002, S. 88ff.

sucht werden, die ein Interesse am Projekt haben, oder aber von dem Projekt während der Durchführung oder nach dessen Abschluss positiv oder negativ beeinflusst werden. Wichtig ist hierbei zu beachten, dass ein sowohl dem Projekt gegenüber sowohl positiv, wie auch negativ eingestellt sein kann. Daher gilt es zu aller erst die Opponenten des Projektes zu identifizieren. Denn diese Gruppe hat, die Macht den Projekterfolg zu verhindern.[12]

Außerdem sollte man nicht nur intern nach Stakeholdern Ausschau halten, sondern seinen Blick über die Unternehmensgrenzen hinaus ausweiten, um eventuelle externe Stakeholder zu finden. Besonders zu beachten gilt dies, wenn das Endprodukt des Projektes die Grenzen des Unternehmens verlässt.[13]

Sind alle relevanten Stakeholder des Projektes identifiziert geht es daran diese einzuordnen.

4.2 Einordnung der Stakeholder

Auf die Identifikation der Stakeholder folgt in der Stakeholderanalyse als zweiter Schritt die Einordnung der gefundenen Stakeholder. Hierbei geht es in erster Linie darum herauszufinden, wie stark die Stakeholder von dem Projekt betroffen sind. Eine weiterer wichtiger Aspekt ist die Einstellung der Stakeholder zum Projekt. Es gilt also die Frage zu klären welche Stakeholder stehen dem Projekt positiv, neutral oder negativ gegenüber. Gomez hat zur Visualisierung der Ergebnisse eine

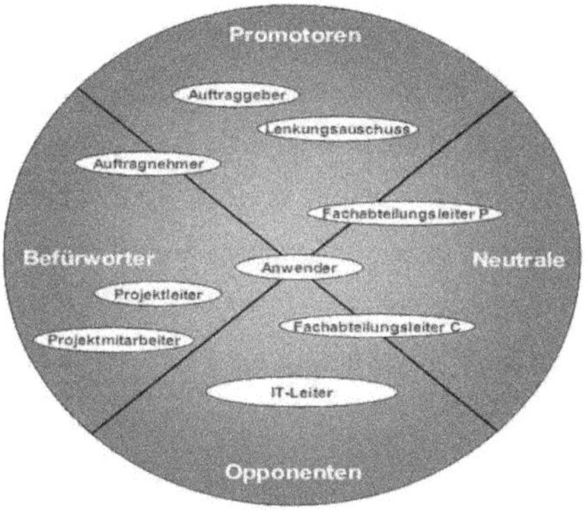

Abbildung 1: vereinfachte Stakeholdermap nach Gomez
Quelle: Oechtering,R., Projektrisiken, 2003, S.3.

---

12 Vgl. Gomez, P., Komplexe, 2002, S.88.
13 Vgl. ebenda, S.89f.

sogenannte Stakeholdermap entwickelt. [14]Abbildung 2 zeigt solch eine Stakeholdermap in vereinfachter Weise.

Die Stakeholder werden abhängig von ihrer Einstellung zu einer von vier Gruppen zugeteilt (Promotoren, Befürworter, Neutrale, Opponenten). Ihrer Position in der Map drückt ihre Betroffenheit vom Projekt aus. Je näher sie dem Mittelpunkt sind, desto betroffener sind sie. Eine wichtige Größe, die in der Stakeholdermap von Gomez nicht erfasst ist, ist der Einfluss der Stakeholder auf das Projekt. Dabei gilt zu beachten, dass Macht bei einer negativen Einstellung des Stakeholders stärker ausgespielt wird, als bei einer positiven Einstellung.[15] Indem man für jeden Stakeholder seine Betroffenheit und Einstellung zum Projekt, sowie seine Macht das Projekt zu beeinflussen abschätzt erhält man von jedem Stakeholder ein erstes differenziertes Bild für das sich Maßnahmen zur Kommunikation ableiten lassen.

4.3   Beurteilung der Stakeholder

Der Vorgang der Beurteilung setzt auf die Ergebnisse der zuvor erfolgten Einordnung auf. Hierbei geht es darum jeden einzelnen Stakeholder detailliert zu beurteilen.[16] Es geht darum möglichst viel über die Ängste und Ziele jedes Einzelnen, sowie über die Chancen und Risiken, die sie in diesem Projekt sehen herauszufinden. Als mögliche Erhebungstechniken bieten sich hier bspw. Interviews, Gespräche, Workshops oder schriftliche Befragungen an. Dabei gilt zu beachten, dass die Befragung informeller sein sollte, je höher die Stellung des Stakeholders ist.[17] Als Ergebnis dieser Befragungen erhält man die Beziehungen der Stakeholder zu einander. Diese wiederum zeigen wiederum wichtige Zusammenhänge im Projekt auf.[18]

14 Vgl. Gomez, P., Komplexe, 2002, S. 91f.
15 Vgl. Weilacher, S., Stakeholdermanagement, 2005, S.3.
16 Vgl. Gomez, P., Komplexe, 2002, S. 93.
17 Vgl. ebenda, S.93.
18 Vgl. ebenda, S.94.

5   Kritische Betrachtung

Die Stakeholderanalyse gilt als essentieller Bestandteil des Risikomanagements.[19]Sie kann damit zu einem erfolgreichen Projektergebnis führen – wenn sie richtig durchgeführt wird. Denn bei der Durchführung einer Stakeholderanalyse gibt einige Klippen zu umschiffen.

Mit steigender Komplexität eines Projektes nimmt die Zahl der Stakeholder zu. Hier besteht die Gefahr, aufgrund der großen Anzahl, bei der Identifizierung Stakeholder zu vergessen. Insbesondere besteht die Gefahr jene Stakeholder zu vergessen, die erst nach Projektende von dem Projekt bzw. seinem Produkt betroffen sind.[20] Doch alle Stakeholder des Projektes sind wichtig.[21]

Hat man (hoffentlich) alle Stakeholder identifiziert, sind noch lange nicht alle Fallstricke überwunden. Bei der Analyse der gefundenen Stakeholder besteht laut Gomez die Gefahr nur die dem Projekt positiv gesinnten Stakeholder einer genaueren Analyse zu unterziehen. Denn positive Stakeholder sind leichter zu pflegen bzw. es fällt dem Projektleiter sicher einfacher sich mit Personen zu unterhalten, die sein Projekt unterstützen. Dadurch kann es zu einer Scheinordnung kommen und eventuelle Probleme und Konflikte können so nicht rechtzeitig erkannt werden, was sich wiederum negativ auf das Projektergebnis auswirken kann.[22]

Bei der Einordnung der Stakeholder geht auch immer ein gewisser Grad an Subjektivität mit einher. Insbesondere die Beurteilung der Betroffenheit einzelner Personen kann mehr oder weniger nur subjektiv erfolgen.[23] Durch die falsche Einordnung könnte falsche Kommunikationsmaßnahmen für den betroffenen Stakeholder abgeleitet werden. Im besten Fall würde nur zu viel mit dem Stakeholder kommuniziert werden, was allenfalls die Kosten-Nutzen Relation der Stakeholderanalyse beeinträchtigt. Im schlimmsten Fall aber wird mit dem Stakeholder für seine Bedürfnisse zu wenig kommuniziert. Hieraus können, in Abhängigkeit der Macht des Stakeholders, weitere negati-

19 Vgl. Gomez, P., Komplexe, 2002, S.85.
20 Vgl. DeCarlo, Extreme, 2004, S.83
21 Vgl. Alexander, I., Stakeholders, 2003, S.23.
22 Vgl. Gomez, P., Komplexe, 2002, S.89.
23 Vgl. ebenda, S.91.

ve Folgen für das Projekt entstehen, wie bspw. mangelnde Unterstützung für das Projekt durch den Stakeholder.

6 Die Stakeholderanalyse – Ein kritischer Erfolgsfaktor für Projekte?

Es lässt sich anhand der bisherigen in dieser Arbeit geschilderten Ausführungen erahnen, dass die Durchführung der Stakeholderanalyse mit einem großen Zeitaufwand verbunden ist. Daher ist die Frage nach dem Nutzen einer Stakeholderanalyse im Rahmen eines Projekts nicht unberechtigt. Aus diesem Grund soll in diesem Abschnitt die Hypothese: „Die Stakeholderanalyse ist ein kritischer Erfolgsfaktor für Projekte." einer Überprüfung unterzogen werden. Hierzu sollen in erster Linie drei Studien der Deutschen Gesellschaft für Projektmanagement e.V. (GPM) in Zusammenarbeit mit der PA Consulting Group aus den Jahren 2006, 2007 und 2008 dienen.

Im Jahr 2006 untersuchten die beiden oben genannten Akteure speziell den Einsatz und die Auswirkungen der sogenannten weichen Faktoren auf den Projekterfolg.[24] An der Studie haben insgesamt 90 Unternehmen aus Deutschland teilgenommen. Über 72 % der Unternehmen verfügten weltweit über 1.000 Mitarbeiter und über 64 % der teilnehmenden Unternehmen hatten mehr als 100 Millionen Euro Umsatz. Die Unternehmen kamen vorwiegend aus den Branchen Automobil (> 20 %), Banken/Versicherungen (> 15 %) und IT/Telekommunikation (> 15 %). Aber insgesamt herrschte eine breite Streuung was die Branchenzugehörigkeit der teilnehmenden Unternehmen betraf.[25]

Anhand der Einschätzung ihres eigenen Projekterfolgs wurden die Unternehmen in drei Gruppen eingeteilt:

- Top-Unternehmen : mindestens 80 % erfolgreiche Projekte

- Low-Unternehmen: über 50% nicht erfolgreiche Projekte

- Durchschnitt: Der Durchschnitt aller Teilnehmer

24 Vgl. Engel, C./Menzer, M./Nienstedt, D., Weiche, 2006, S.3.
25 Vgl. ebenda, S.4.

Die Top-Unternehmen gelten hierbei als Referenz. Starke Abweichungen bei untersuchten Aussagen zwischen Top- und Low-Unternehmen gelten als Hinweis auf einen Erfolgsfaktor für Projekte.[26]

Ein Ergebnis der Studie ist die Aussage, dass sich das Stakeholdermanagement bei Low-Unternehmen eher noch im Anfangsstadium befindet. Ein weiterer Rückschluss ist, dass bei Top-Unternehmen die Stakeholderanalyse zwar auch nur in Ansätzen, dafür aber deutlich ausgeprägter durchgeführt wird.[27] Hier kann man die Bedeutung und das Potenzial der Stakeholderanalyse erahnen. Die PA Consulting Group leitete aus den Ergebnissen der Studie u. a. eine Handlungsempfehlung ab, die eine ausgeprägte Kommunikation mittels eines Stakeholdermanagements empfiehlt.[28] Ein Fazit der Studie ist u.a., dass ein nicht aktiv betriebenes Stakeholdermanagement ein Grund für das Scheitern eines Projektes sein kann.[29]

Im Jahr 2007 lag der Schwerpunkt der Studie auf den Kosten und Nutzen von Projekten.[30] Diesmal nahmen 82 Unternehmen an der Studie teil. Meist aus den Branchen Automotive (> 15 %), Anlagen-/Maschinenbau (> 12,5 %) und Finanzdienstleistungen (> 12,5 %). Es war jedoch wieder eine Breite Streuung bezüglich der Branchenzugehörigkeit der Teilnehmer gegeben.[31] Über 2/3 der Teilnehmer hatten eine Belegschaft von 1.000 Mitarbeitern oder mehr. Beim Umsatz gab es diesmal keine dominierende Gruppe.[32]

Wiederum wurden aufgrund der eigenen Einschätzung der Teilnehmer drei Gruppen gebildet:

- Top-Unternehmen : mehr als 85 % erfolgreiche Projekte

- Low-Unternehmen: weniger als 40% erfolgreiche Projekte

- Durchschnitt: Der Durchschnitt aller Teilnehmer[33]

---

26 Vgl. Engel, C./Menzer, M./Nienstedt, D., Weiche, 2006, S.5.
27 Vgl. ebenda, S.23.
28 Vgl. ebenda, S.35.
29 Vgl. ebenda, S.37.
30 Vgl. Engel, C./Holm, C., Kosten, 2007, S.2.
31 Vgl. ebenda, S.3.
32 Vgl. ebenda, S.4.
33 Vgl. ebenda, S.5.

Ein Ergebnis der Studie war die Erkenntnis, dass die Zusammenarbeit zwischen Projekt und Linie ein kritischer Erfolgsfaktor für Projekte darstellt.[34] Hierbei kann die Stakeholderanalyse einen Beitrag leisten, indem sie die jeweiligen Personen in der Linie analysiert und Maßnahmen zur Kommunikation daraus ableitet. Diese können dann im Rahmen eines Stakeholdermanagements umgesetzt werden. Die Bedeutung der Kommunikation mit den Stakeholdern wird durch weitere Ergebnisse der Studie unterstrichen. So stellte sich heraus, dass erfolgreiche Unternehmen die Stakeholder bereits bei der Entscheidung zur Projektdurchführung mit einbeziehen.[35] Weitere signifikante Unterschiede zwischen erfolgreichen und nicht erfolgreichen Unternehmen waren der ständige Informationsfluss zu den Stakeholdern, so das sie stets über die Projektlage im Klaren sind.[36] Daraus lässt sich schließen, dass Unternehmen, die ein Stakeholdermanagement im Laufe eines Projektes betreiben erfolgreicher sind.[37] Als Fazit ziehen die Autoren u.a. aus der Studie, dass eine umfassende Einbindung der Stakeholder erfolgsfördernd ist. Insbesondere die Kommunikation mit und der Informationsfluss zu den Stakeholdern wird herausgestellt.[38]

In der dritten Studie aus dem Jahr 2008 wurde nach Gründen für den Erfolg oder das Scheitern von Projekten gesucht.[39] An der Studie nahmen 79 Unternehmen teil, die vorwiegend aus den Branchen Automotive (ca. 20 %), Beratung (> 12 %) und IT (> 10 %). Wobei wieder auf eine breite Fächerung geachtet wurde, was die Branchenzugehörigkeit der Teilnehmer anging. Die teilnehmenden Unternehmen hatten überwiegend mehr als 1.000 Mitarbeiter und 2/3 aller Teilnehmer hatten einen Umsatz von mehr als einer Milliarde Euro.[40]

Es wurde u.a. untersucht, welche Faktoren den Projektausgang positiv oder negativ beeinflussen. Hier ergab sich, dass Kommunikation eine starke Rolle spielt. Über 16 % der Teilnehmer gaben gute Kommunikation als Grund für den Erfolg ihres Projektes an. Nur der Faktor qualifizierte Mitarbeiter wurde noch öfters genannt. Andersherum landete schlechte Kommunikation sogar auf Platz 1 der Faktoren für Misserfolg in Projekten.[41]

---

34 Vgl. Engel, C./Holm, C., Kosten, 2007, S. 8.
35 Vgl. ebenda, S.10.
36 Vgl. ebenda, S.13.
37 Vgl. ebenda, S.14.
38 Vgl. ebenda, S.25.
39 Vgl. Engel, C./Tamdjidi, A./Quadejacob, N., Erfolg, 2009, S.2.
40 Vgl. ebenda, S.3f.
41 Vgl. ebenda, S.8.

Hier kann eine gründlich durchgeführte Stakeholderanalyse in Verbindung mit einem Stakeholdermanagement Abhilfe schaffen. Wie bereits zuvor erwähnt können anhand einer Stakeholderanalyse Konfliktpotenziale und Informationsbedarfe erkannt werden. Dadurch können Kommunikationsmaßnahmen abgeleitet werden, um sicherzustellen, dass jeder Stakeholder die benötigten Informationen erhält. Als weiterer negativer Faktor wurden firmeninterne Politik, Bereichsegoismen und interne Kompetenzstreitigkeiten ausgemacht. Dieser Faktor wurde mit über 10 % am dritthäufigsten genannt. Interessanterweise wurde das fehlen dieses Faktors nicht als wesentlicher Erfolgsfaktor genannt.[42] Hier kommen die oben angesprochenen Konfliktpotenziale zum Ausdruck. Wie bereits beschrieben können diese mittels einer gründlich durchgeführten Stakeholderanalyse identifiziert werden. Sind die möglichen Konflikte erst einmal bekannt, können Maßnahmen ergriffen werden, um die sogenannten negativen Stakeholder zu „bearbeiten" und so die Konflikte zu lösen. Aus über 30 Fragen wurden die Top Ten Faktoren mit den größten Differenzen zwischen besonders erfolgreichen Projekten und gescheiterten Projekten extrahiert. Einer dieser Faktoren war der starke Einbezug der Stakeholder in das Projekt.[43] Ein weitere Beleg für die Bedeutung der Stakeholderanalyse im Projektmanagement.Als Fazit aus dieser Studie zogen die Autoren u.a., dass eine Stakeholderanalyse in Verbindung mit einem aktiv betriebenen Stakeholdermanagement ein Erfolgsfaktor für Projekte darstellt.[44]

Alle drei Studien lieferten somit Belege, die darauf schließen lassen, dass eine Stakeholderanalyse den Projekterfolg positiv beeinflusst. Vielleicht reichen die Erkenntnisse der Studien nicht aus, um die Stakeholderanalyse zweifelsfrei als kritischen Erfolgsfaktor für Projekte zu bezeichnen. Aber man kann durchaus soweit gehen und sie als gewissen „Enabler" zu sehen, der andere kritische Erfolgsfaktoren begünstigt (z.B. Kommunikation im Projekt) oder aber negative Faktoren mindert (z.B. interne Kompetenzstreitigkeiten). Jedoch sind die Ergebnisse dieser Studien mit Vorsicht zu genießen, da der Begriff „Projekterfolg" nicht eindeutig definiert wurde, sondern jedem Teilnehmer weitestgehend selbst überlassen wurde, was er darunter versteht.

---

42 Vgl. Engel, C./Tamdjidi, A./Quadejacob, N., Erfolg, 2009, S.8.
43 Vgl. ebenda, S.10.
44 Vgl. ebenda, S.12.

7 Fazit

Durch die Auswertung der drei Studien konnte die Hypothese „Die Stakeholderanalyse ist ein Erfolgsfaktor für Projekte" nicht unbedingt belegt, aber doch in gewisser Weise gestützt werden. Jedoch muss hier noch einmal klar gestellt werden, dass das alleinige Durchführen einer Stakeholderanalyse noch kein Projekt zum Erfolg bringt. Die durch die Analyse erlangten Vorteile entfalten ihre Wirkung auf den Projekterfolg erst in Verbindung mit weiteren Methoden, die z.B. im Rahmen eines Stakeholdermanagements durchgeführt werden. Bereits 1997 erkannte Lechler, dass die Konzentration auf nur einen Erfolgsfaktor noch keinen Projekterfolg bedeutet.[45] Dennoch müssen die Ergebnisse dieser Studien kritisch betrachtet werden. Der Begriff „Projekterfolg" wurde im Vorfeld nicht klar definiert, sondern nur auf die Größen Kosten, Zeit, Qualität bezogen. Jedem Teilnehmer blieb selbst überlassen, was er unter einem „Projekterfolg" verstand. Darüber hinaus wurden zu den untersuchten Projekten keine Projektgrößen, in Form von z.B. Projektmitarbeiter oder Anzahl der Stakeholder. Dadurch besteht die Gefahr das die Top-Unternehmen viele kleine, unbedeutende Projekte als Erfolg verbuchten, umso ihre Statistik zu schönen. Die Ergebnisse der Studien und die Schlüsse dieser Arbeit sind eher als mögliche Tendenz zu sehen, denn als harte Fakten. Sicher sagen lässt sich, dass ein Unternehmen, das die Stakeholderanalyse durchführt Projekte erfolgreicher abschließt, als ein Unternehmen, das keine solche Analyse betreibt. Es ist aber unklar wie viel „besser" der Erfolg ist. Um gesicherte Rückschlüsse ziehen zu können, wäre eine separate empirische Untersuchung nötig, die:

- Die Wirkung der Stakeholderanalyse in großen und kleinen Projekten vergleicht.

- Die Begriffe Erfolgsfaktor und Projekterfolg klar definiert und messbar macht

- Die Qualität der jeweils durchgeführten Stakeholderanalyse misst, denn bei der Durchführung einer Stakeholder können viele Fehler gemacht werden.

Durch eine solche empirische Erhebung mit einem repräsentativen Teilnehmerfeld ließe sich genauer auf die Wirkung der Stakeholderanalyse in Projekten schließen.

---

45 Lechler, Erfolgsfaktoren, 1997, S.278.

Literaturverzeichnis

Printquellen

Alexander, Ian [Stakeholders, 2003]: Stakeholders: Who is your system for?, in: Computer & Control Engineering, 14(2003), Nr. 1, S. 22-26

DeCarlo, Doug [Extreme, 2004]: eXtreme Project Management: Using Leadership, Principles, and Tools to Deliver Value in the Face of Volatility, San Francisco: Jossey-Bass, 2004

Gabler Verlag (Hrsg.) [Wirtschaftslexikon, 2000]: Gabler Wirtschaftslexikon: die ganzeWelt der Wirtschaft: Betriebswirtschaft, Volkswirtschaft, Recht, Steuern, Band A-D, 15. Aufl., Wiesbaden: Gabler, 2000

Gomez, Peter et al. [Gomez, 2002]: Komplexe IT-Projekte ganzheitlich führen: Ein praxiserprobtes Vorgehen, Bern, Stuttgart, Wien: Haupt, 2002

Hillebrand, Norbert [Projektumfeldanalyse, 2000]: Projektumfeldanalyse effizient gemacht, in: projektManagement aktuell, 1(2000), Nr.2, S. 26-31

Kuster, Jürg et al. [Handbuch, 2008]: Handbuch Projektmanagement, 2.überarb. Aufl., Berlin, Heidelberg: Springer, 2008

Lechler, Thomas [Erfolgsfaktoren, 1997]: Erfolgsfaktoren des Projektmanagements, Frankfurt a. M. , Berlin, Bern u.a. : Lang, 1997

Motzel, Erhard [Projekt-Management Lexikon, 2006]: Projekt-Management Lexikon, 1.Aufl., Weinheim, WILEY-VCH, 2006

Internetquellen

Angermeier, Georg [Projektumfeldanalyse, 2009]: Projektumfeldanalyse: Projektmanagement-Glossar, http://www.projektmagazin.de/glossar/gl-0225.html (16.06.2009)

Engel, Claus/Holm, Christian [Kosten, 2007]: Ergebnisse der Projektmanagement Studie 2007: Schwerpunkt Kosten und Nutzen von Projektmanagement, 13.07.2007,http://www.gpm-ipma.de/docs/fdownload.php?download=PM_Study_2007_Results.pdf (16.06.2009)

Engel, Claus/Menzer, Marcus/Nienstedt, Daniela [Weiche, 2006]: Ergebnisse der Projektmanagement Studie "Konsequente Berücksichtigung weicher Faktoren", 10.04.2006, http://www.gpm-ipma.de/docs/fdownload.php?download=PM-Studienergebnisse_WeicheFaktoren.pdf (16.06.2009)

Engel, Claus/Tamdjidi, Alexander/Quadejacob, Nils [Erfolg, 2009]: Ergebnisse der Projektmanagement Studie 2008: Erfolg und Scheitern im Projektmanagement, 15.01.2009, http://www.gpm-ipma.de/docs/fdownload.php?download=Ergebnisse_Erfolg_und_Scheitern-Studie_2008.pdf (16.06.2009)

Oechtering, Reinhard P. [Projektrisiken, 2003]: Wie lassen sich Projektrisiken offen kommunizieren, 2003, http://www.projektmagazin.de/magazin/abo/artikel/2003/1403-2.html (16.06.2009)

Weilacher, Simone [Stakeholdermanagement, 2005]: Ein pragmatischer Ansatz: Stakeholdermanagement einfach und effizient, 2005, http://www.projektmagazin.de/magazin/abo/artikel/2005/0805-3.html (16.06.2009)